LA GUERRE DES BALKANS
SES ENSEIGNEMENTS POLITIQUES

Conférence

FAITE

A VAILLY - SUR - AISNE

LE 22 DÉCEMBRE 1912

Par Monsieur Paul ROBAIN

Membre des Comités-Directeurs de l'Action Française

PRIX : 0 fr. 25, l'exemplaire ;
les 10 exemplaires : 2 fr. 30 ; — les 25 : 5 fr. ; — les 50 : 9 fr. ; — le cent : 15 fr. franco.

EN VENTE

A L'IMPRIMERIE DE L'ARGUS SOISSONNAIS

13-15, rue Saint-Antoine

SOISSONS

Monseigneur le Duc d'Orléans

Cliché Pirou. — Mascré, propriétaire, 23, rue Royale, Paris.

La Guerre des Balkans
Ses Enseignements politiques

CONFÉRENCE

DE

M. Paul ROBAIN

à Vailly-sur-Aisne

LE 22 DÉCEMBRE 1912

Les événements qui se déroulent en Orient depuis plusieurs mois et qui tiennent toute l'Europe attentive, confirment solennellement toutes les propositions, toutes les conclusions que depuis tantôt dix ans l'*Action Française* va répétant à travers la France.

Les coups de canon de Kirk-Kilissé ont démoli les niaiseries humanitaires, pacifistes, que les prêcheurs des *Droits de l'Homme* annonçaient comme de grandes conquêtes de l'esprit moderne. C'est à l'école de la réalité que se vérifient une fois de plus les doctrines royalistes de l'*Action Française*.

La Patrie.

Quel est donc le principe fondamental du nationalisme intégral ?

Vous le savez. L'*Action Française* a retrouvé, au milieu des discussions philosophiques, le fait positif et bon de la patrie. Il y a des nations, — amies, alliées, adversaires ou ennemies

— mais distinctes les unes des autres. Il est impossible de concevoir, même raisonnablement, l'unité politique universelle, l'ensemble de tous les peuples sous le sceptre d'un seul souverain. Il y a des nations et les nations sont utiles et bonnes à l'individu.

Vous le sentez certainement. Pour les Polonais, rien ne vaut la Pologne ; pour l'Alsace-Lorraine, la France reste un trésor, le plus enviable de tous.

Mais la patrie reconnue comme une nécessité et comme un bienfait, et par ces titres préférée à l'individu pour le bien même de l'individu, on est amené à rechercher et à vouloir les conditions qui assureront son existence, sa force, sa sécurité. Et il est alors facile de distinguer les véritables attributs des pouvoirs.

Le Gouvernement.
Les grands Services nationaux.

Gouverner, ce n'est pas seulement administrer le territoire ou l'ensemble de ses habitants. Il y a d'autres charges du pouvoir que celles qui consistent à nommer des préfets et des sous-préfets ou à distribuer des bureaux de tabac. Il y a d'autres charges du pouvoir que celles qui consistent même à diriger la voirie, la police ou les finances.

Gouverner, c'est encore et surtout protéger, défendre le territoire et ses habitants, contre les entreprises de l'étranger, de l'ennemi.

C'est là que se révèle véritablement la vie de l'Etat ; c'est là que se mesurent sa résistance, sa force, sa grandeur.

Or l'armée, la marine, la diplomatie sont les grands services par lesquels un Etat vaut contre les Etats.

Mais si vous réfléchissez sérieusement, si vous ne refusez pas de suivre votre méditation jusqu'au bout de votre pensée, vous rejoindrez ici fatalement l'*Action Française* : ici, par amour de la France, vous serez amené à condamner la République et à vouloir la Monarchie.

L'Armée. — La Marine.

C'est qu'en effet, de toute évidence, armée, marine, diplomatie, fortement organisées, fortement dirigées, ne peuvent s'accorder avec un régime électoral et parlementaire. Pour l'armée, la marine et la diplomatie, il y a des conditions de compétence et de continuité qui excluent les principes même du système républicain. Elles appellent, elles nécessitent un pouvoir personnel, une volonté continue, une compétence privilégiée.

Que peuvent décider d'utile ou même de raisonnable cinq ou six cents parlementaires, avocats, agriculteurs, apothicaires ou médecins, quand il s'agit de fusils, de canons, de cuirassés et de poudres ? Et je ne parle que de ce matériel, chose déjà délicate et compliquée.

Sur les questions qui de loin semblent plus abordables et qui règlent le statut même de l'armée, — recrutement, discipline, hiérarchie, — leurs bavardages, leurs discussions et leurs votes sont plus dangereux encore. Soumis à la loi asservissante de l'élection, les parlementaires ne peuvent jamais se consacrer tout entiers aux vues d'intérêt général, les appétits, les passions, les intérêts parfois honorables des électeurs, — paresse, peur, égoïsme, — réagissent sur les élus. Et au milieu des discussions où ces sentiments les dominent déjà, interviennent et s'imposent les grands principes de 1789, ces chimères dangereuses ; devant le principe de liberté, la discipline devra se dissimuler, s'effacer, se disculper, se relâcher. Devant le principe d'égalité, les différences d'armes, l'esprit de corps, la hiérarchie apparaîtront comme des injustices et des abus de caste.

Et les contradictions s'accumulent sous un gouvernement qui instinctivement veut vivre et dont les principes essentiels tendent à l'anarchie et à la destruction. Les difficultés succèdent aux difficultés, les crises aux crises. Au lieu d'aider au développement des forces militaires qu'encouragerait naturellement le Roi, chef né des armées de terre et de mer, — la république, suivant les sautes de l'opinion, désorganise, humilie, affaiblit l'armée pour obéir à la faction de Dreyfus triomphant ou la flatte, la vante, l'encourage pour rassurer la finance inquiète des bruits de guerre. Système qui ne peut produire qu'énervement ou qu'illusion. La Turquie en a donné la terrible preuve.

La Diplomatie.

Mais plus frappante encore est l'impuissance du régime parlementaire en matière de diplomatie. La République ne peut pas avoir de diplomatie, ou plutôt ne peut pas employer efficacement la diplomatie.

Maurras l'a lumineusement établi dans son livre *Kiel et Tanger*. La République, sur ce terrain, est vouée à l'immobilité. Si elle poursuit des desseins, si elle mène quelque action dans le concours des grandes puissances, les pires résultats seront à redouter.

Le perpétuel changement, inhérent au système républicain, est une cause perpétuelle d'infériorité, une cause perpétuelle de danger.

Pour régler des questions aussi graves et aussi compliquées que celles du Congo et du Maroc ou que celles des affaires d'Orient, toute préoccupation qui écartera sur des objets différents ou secondaires la réflexion et l'attention de l'homme d'Etat au pouvoir, ne pourra être que malheureuse et nuisible. Or les ministres de la République sont soumis, par le caractère même du système républicain, aux questions, aux interpellations, aux mille manœuvres du Parlement. Pour se dérober à des débats sur les affaires extérieures, ils pourront bien invoquer, eux républicains ! la raison d'Etat, comme l'ont fait Clemenceau, Pichon, Rouvier, Caillaux, comme l'a fait à son tour Poincaré ; mais ils ne pourront pas écarter d'autres sujets de politique intérieure, où les cabales, les jalousies, les rivalités, — pressées de triompher et de jouir, — les mettront en minorité et leur ôteront sinon le pouvoir même, du moins cette qualité d'autorité indispensable au pouvoir.

Les exemples : le Congo et le Maroc.

Et c'est ainsi qu'on a vu, dans les négociations relatives au Congo et au Maroc, apparaître et disparaître successivement trois ministres, par le jeu mécanique du système parlementaire. Et de ceux qui à leur place aujourd'hui étudient les questions balkaniques, lequel oserait se flatter de les suivre jusqu'à leur conclusion, lequel pourrait être assuré de dominer toutes les difficultés parlementaires, de triompher dans tous les scrutins jusqu'à une échéance si incertaine et si lointaine ? Ils savent tous que tout ministère est éphémère en République ; en quarante-deux ans de ce régime, on compte plus de cinquante ministères. Quels projets peut-on suivre dans ces conditions ? Quels résultats peut-on espérer ?

Comprenez donc la leçon des événements.

La Bulgarie et la Turquie.

Livrée aux Parlementaires, la Turquie, réputée pour sa valeur militaire, a été battue par des peuples, presque inconnus hier, dirigés par une volonté royale, unique, servant le bien public.

Il y a vingt-cinq ans, qui aurait cru à une Bulgarie, victorieuse des Turcs, et assez puissante pour traiter comme elle le fait aujourd'hui avec les premières nations de l'Europe ?

Voilà en balance les résultats du parlementarisme et les résultats de la monarchie.

Ah ! je ne dirai pas à ceux d'entre vous qui se déclarent encore républicains que la monarchie est un gouvernement parfait ; la perfection n'est pas de ce monde. Mais de tous les gouvernements, les royalistes savent que la monarchie est le meilleur. Mettons, si vous y tenez, que c'est le moins mauvais.

Qualités du Pouvoir héréditaire.
Défauts du Système parlementaire.

Dans la monarchie, les entraînements du pouvoir, ses défauts, trouvent leurs correctifs dans l'hérédité même du pouvoir.

Le *Bon Plaisir* dont on a voulu charger le pouvoir du Roi, c'est dans le parlementarisme que vous le trouverez déchaîné sans frein. Le ministre de notre république qui arrive au gouvernement, sait qu'il y restera peu de temps. Il sera porté à jouir immédiatement et avidement de tous les avantages et de tous les profits du pouvoir. Le projet qui pourra flatter son orgueil ou satisfaire son ambition, l'attirera forcément ; et pourquoi ce ministre calculerait-il les effets que ses décisions pourraient entraîner à plus ou moins longue échéance? Que lui importe l'avenir? Dans quelques mois, le système parlementaire l'aura renversé de son poste, et il ne sera plus responsable des événements que pourtant il aura peut être préparés. Les difficultés qui se présenteront dans quelques années, il n'aura pas à les étudier ni à les résoudre. Ce sera la tâche d'un successeur que les luttes de partis auront élevé à sa place.

Il peut en faire à sa guise, suivre son caprice, sa passion, son plaisir. Rien ne l'effraiera, rien ne l'inquiétera, rien ne l'arrêtera.

Au contraire, dans le même temps, dans la même situation, le Roi se sentira averti, maintenu par toutes les forces que contient le principe d'hérédité. Si son ambition, son caprice, sa passion, d'aujourd'hui l'entraînent dans une politique, il ne pourra cependant pas écarter comme indifférentes les vues de l'avenir. Ce qu'il sème, il doit être là pour le récolter dans des années et des années : il a toute sa vie pour répondre de ses actes et même après sa mort c'est dans son fils, c'est dans son sang que la destinée ira l'atteindre. Par l'hérédité, il est lié à l'avenir comme au passé. Si le Roi peut se contenter de la gloire que lui légua son père, il peut aussi se complaire dans celle qu'il prépare à son fils. Ainsi la loi de la nature corrige avec toute la force possible les défaillances et les erreurs naturelles à la faiblesse humaine.

Le Mensonge
de la Souveraineté du Peuple.

A ceux d'ailleurs qui ne veulent pas de pouvoir personnel et qui parlent de souveraineté du peuple, je demande : « Où, quand sommes-nous donc souverains ? »

Quand la question de guerre ou de paix se pose pour la France, il semble bien que nos intérêts soient en jeu. Il s'agit de nos vies, de nos foyers, de nos enfants nés et à naître. Si le peuple est souverain, s'il est maître de ses destinées, s'il règle par ses votes la marche de ses affaires, il va donc intervenir, il va diriger ces graves décisions ; il va faire régner sa volonté.

Eh bien ! rappelez-vous ce qui s'est passé au moment de l'incident d'Agadir. Qu'avons-nous su par nous-mêmes ? Qu'avons-nous décidé par nous-mêmes ? — « Oh ! sans doute me dira quelque grand électeur, tous les citoyens ne peuvent être consultés à chaque instant et sur de si difficiles sujets ; ils n'auraient ni le temps ni la compétence nécessaires pour résoudre semblables problèmes. Et c'est pourquoi ils délèguent régulièrement au Parlement leurs mandataires, leurs députés et sénateurs. »

Sans m'attarder à critiquer cette souveraineté déjà bizarre, cherchons donc l'intervention de cette organisation parlementaire dans les négociations avec l'Allemagne au moment d'Agadir.

Nos représentants, nos députés et sénateurs, étaient *en vacances.* Ils voyageaient, chassaient, pêchaient, se reposaient ou s'amusaient ; mais ils n'étaient ni à la Chambre ni au Sénat ; ils n'ont pas pris part à la direction des affaires ; ils n'ont rien su. Et, chose merveilleuse, personne n'a critiqué, ni regretté leur éloignement du gouvernement : ni les ministres, ni les journaux, ni le public, ni les parlementaires eux-mêmes. Pendant plus de trois mois, personne n'a voulu que le Parlement fût appelé à connaître des questions qui se posaient entre la France et l'Allemagne. Le soin des négociations a appartenu entièrement et exclusivement au ministère, c'est-à-dire à un petit nombre de personnages parmi lesquels M. Caillaux, seul, menait et décidait toutes choses.

Voilà donc à quoi aboutit ce beau système du gouvernement du peuple par le peuple, tant vanté parce qu'il devait supprimer la soumission du peuple à la volonté d'une seule personne ! Eh oui ! dans les temps de crise où se révèle nettement le fonctionnement du pouvoir, comme il faut vivre, comme il faut assurer les services principaux du gouvernement, comme il faut, en un mot, gouverner, la République emploie les moyens essentiels qui sont ceux de la Monarchie.

En fait, c'est M. Caillaux qui a été roi de France pendant ces trois mois, avec un conseil très restreint, composé du ministre de la guerre, du ministre de la marine et du ministre des affaires étrangères dont il contrecarrait tous les projets.

Et je n'ai pas à blâmer, ni à critiquer M. Caillaux, *le roi* de

1911, pas plus que je n'ai à blâmer, ni à critiquer M. Poincaré, son successeur en 1912.

Tout souverains que nous sommes, aujourd'hui dans les affaires des Balkans, comme hier dans les affaires du Congo, nous ne savons rien, nous ne décidons rien, nos représentants ne savent rien, ne décident rien ; et à l'une des dernières séances de la Chambre, M. Poincaré faisait encore un discours de bonne forme pour déclarer qu'il ne nous dirait rien de ce qu'il ne voudrait pas nous dire.

Et vous tous acceptez cela. Car c'est la raison même qui le démontre : « Il y a des affaires qui ne se traitent pas sur la place publique », répond toujours dans ces circonstances le ministre de la République en fonction. Il y a des affaires pour lesquelles la prudence, le sang-froid, la méditation et le secret sont indispensables. Toutes ces qualités, vous ne pourrez jamais les trouver dans les discussions et les agitations d'un parlement à six cents têtes.

Quand des affaires graves s'imposent au gouvernement, le gouvernement est donc obligé de faire son métier de gouvernement, et tout ministre de la République, si démocrate soit-il, gouverne comme s'il était Roi.

N'est-ce pas là tout à la fois une stupidité et un danger ?

Ce système parlementaire qui au hasard des intrigues de couloirs et des luttes de partis érige en souverains les ministres occasionnels de la République, ne donne aucune des garanties qui se trouvent dans la monarchie héréditaire : le régime électif ne discerne pas les qualités de compétence qui distinguent l'homme d'Etat ; il ne permet pas les conditions de durée, qui le forment et le fortifient.

Le Roi.

Dans la Monarchie, au contraire, le Roi qui ne relève d'aucun parti, qui reste indépendant de toutes les luttes électorales et de toutes les intrigues parlementaires, le Roi peut étudier, prévoir et diriger tous ces grands problèmes qui intéressent la vie de la nation. Formé dès son plus jeune âge au métier de Roi, il acquerra d'âge en âge de nouvelles connaissances, de nouvelles forces qui augmenteront le trésor

de la tradition héréditaire. Les erreurs qu'il aura pu com-
mettre, lui serviront même pour se renseigner mieux, pour se
diriger mieux dans l'avenir. Tout concourt à faire de lui le
meilleur serviteur de la Patrie. Que le Roi abandonne un
territoire, il en souffre dans sa personne, dans sa lignée :
c'est sa fortune, c'est sa puissance, c'est sa grandeur qui se
trouve diminuée d'autant.

Que M. Caillaux ou quelque autre ministre ou président de
la République cède des milliers de kilomètres carrés , sa
fortune reste, comme sa personne, comme sa lignée, indé-
pendante de l'événement. Les affaires personnelles de tous ces
messieurs, quels qu'ils soient, Loubet, Fallières, Caillaux,
Poincaré, ne sont pas les affaires de la France.

Le Président de la République

Cette vérité, où le ridicule le dispute à l'odieux, s'étale
aujourd'hui avec plus d'évidence que jamais ; alors que toute
l'Europe est troublée , alors que les plus terribles conflits
sont à redouter, nous nous préparons à changer le Président
de la République. Oui ! dans quelques semaines, tout le
gouvernement, toutes les Chambres auront, de par la Constitution, à désigner le chef du pouvoir exécutif, c'est dire
que selon les règles fatales de l'élection, les intrigues vont
redoubler, les partis se passionneront davantage pour obte-
nir la faveur de l'Elysée que pour sauvegarder l'intérêt de la
France. La mécanique parlementaire, surexcitant les partis,
les soulevant les uns contre les autres, divisant le pays,
jusqu'au sein même du gouvernement, va énerver le pouvoir
l'inquiéter, l'entraîner vers ces stupides besognes et l'affaiblir
fatalement. Ah ! cette élection du Président de la République
avec tout ce qu'elle peut entraîner d'agitations et de changements, — cette élection fixée par cette folle Constitution à
une date précise que rien n'explique, que rien n'impose, que
rien ne justifie ! et à cette même date, la question de guerre et
de paix se posant pour toutes les puissances ! quelle condamnation plus complète voulez-vous du système parlementaire (1) ?

---

(1) Les circonstances qui ont entouré l'élection du 17 Février 1913, la
démission du ministre de la guerre, M. Millerand, les intrigues et les

Vive le Roi !

Nous qui sommes attachés passionnément à notre Patrie, nous qui voyons l'heure grave et grosse de périls pour elle, nous ne voulons plus de ces incohérences, de ces folies dangereuses du parlementarisme et de l'élection. Et puisque la République divise le pays, affaiblit et disloque perpétuellement le pouvoir ; puisque le Roi refait l'unité nationale, assure la continuité et la force du pouvoir, A bas la République et Vive le Roi !

LES CONTRADICTEURS

Discours de M. Michel LECACHEUX

M. Lecacheux commence par féliciter M. Robain pour son éloquence et dit ensuite qu'il le considère comme un honnête homme et un bon patriote. Ce qu'il tient à dire c'est qu'on peut être patriote et bon républicain, que l'armée est républicaine.

« Je suis catholique et républicain, dit-il, et je ne partage pas vos idées. »

Le contradicteur accuse M. Robain d'avoir commis un sacrilège (*sic*) en disant que la République ne pouvait pas avoir une armée. « Certes, celles-ci a été mise à la merci des parlementaires que je n'aime pas ! »

M. P. Robain. — Sacrilège et demi !

A ce moment, M. Lecacheux demanda à M. Robain : « S'il allait à confesse ! »

M. Robain déclara : « A cette question stupéfiante qui n'a pas trait au débat en cours, — pour ne laisser aucun doute

---

manœuvres des parlementaires avant l'élection du Président de la République, la démission du ministère au lendemain de cette élection, la qualité de présidences opposées et inactives, toutes ces agitations et tous ces désordres confirment sur tous les points la critique et la condamnation du système parlementaire, esquissées en ce passage.

dans les esprits, — je réponds simplement que je suis catholique, et que catholique je vais me confesser. »

M. Lecacheux. — Certes, il est impossible à 600 pachas (*rires*) de faire quelque chose de bien, est-ce que cela serait plus facile à un Roi. Les pachas ont des fils à caser, mais le Roi a des filles, des oncles, des tantes, des cousins, toute la ribambelle, quoi ! Si les députés ont besoin de bureaux de tabac, les autres aussi.

Vous avez fait sur le Roi une très belle conférence, devant l'Histoire, les Rois de France ont droit à tous les respects, je sais que c'est Louis XIV qui a fait la France. Mais les temps ont changé, il y a eu depuis une révolution causée par l'intransigeance de certains personnages. Le clergé et la « basse » noblesse se sont révoltés. Philippe Egalité, une fripouille, a même voté la mort de Louis XVI son cousin ou son beau-frère, je ne sais plus bien ! (*Rires.*)

On avait mis le pied sur les libertés. Mirabeau sortait quelque chose dans ce genre-là !

Vous avez parlé du président de la République, eh bien, mais nous crevons par la faute de la Consttitution faite par les royalistes en 1875 et imposée par le comte de Chambord.

M. P. Robain. — On aurait pu la changer, depuis 37 ans.

M. Lecacheux. — Ça ne me regarde pas. Je ne crois pas, moi, parce que votre prétendant serait Roi, qu'il serait intelligent, s'il l'est il peut devenir « gaga » (*rire*), et alors c'est la Régence ! Voilà ce qu'il arrivera.

Réponse de M. Paul ROBAIN

M. Lecacheux a commis une erreur d'interprétation. Je n'ai pas dit que la République n'avait pas d'armée. Mais après avoir rappelé que la force militaire est la première force indispensable pour assurer l'existence d'une nation, j'ai essayé de démontrer que le système républicain est, par son essence même, contraire aux intérêts et au développement de l'armée.

La République contre l'Armée.

Or l'histoire de la République apporte la plus terrible confirmation à cette vérité de principe. Rappelez-vous : C'est l'affaire Dreyfus, née du système parlementaire et triomphante par la République. C'est le ministère André ; c'est le ministère Pelletan ; c'est le système des fiches que Millerand, l'ancien collaborateur de Waldeck-Rousseau, devenu militariste et patriote par nécessité de l'heure présente, n'ose même pas détruire et garde, dans une armoire fermée, comme un· dépôt précieux pour le successeur qui voudrait ou pourrait y revenir. C'est la nomination de Picquart, élevé par le Parlement au grade de général, contre les règlements, contre le statut fondamental de l'armée. C'est la loi de deux ans, votée par nécessité électorale contre l'intérêt supérieur du pays.

Or voici qu'en présence des complications extérieures on s'affole ou... plutôt on s'assagit, et qu'on vient à la Chambre à reparler du service de trois ans.

Ce sont là des faits qui soulignent l'incohérence du système républicain.

M. Lecacheux affirmait à l'instant son ardent patriotisme. Certes tous ici, sans distinction d'opinions, nous sommes prêts, comme lui, à servir la France aux postes qui nous sont assignés dans ses armées ; mais la bonne volonté, le patriotisme, le courage même ne suffisent pas à tout.

En 1870 on a bien vu les zouaves de Charette accourir pour défendre la France ; mais on a vu aussi que l'héroïsme ne force pas toujours la victoire.

Nous voulons pour la France les conditions politiques qui, par l'organisation et le travail méthodiques, permettent de préparer et d'espérer le succès : c'est pourquoi nous demandons, nous appelons le Roi.

M. Lecacheux disait que la Monarchie a pris fin à la Révolution. Il oubliait que la France a eu des rois au XIXᵉ siècle. Et il est utile de rappeler que ces périodes de Monarchie ont marqué de semblables périodes de relèvement de la France. Je ne signalerai que la prise d'Alger sous Charles X, afin d'arriver plus vite à la dernière objection de M. Lecacheux : le cas de « gâtisme » du Roi.

Jeunesse ou folie du Roi.
La Régence.

A l'obligation de subir par le système héréditaire, une souveraineté imbécile, vouloir opposer la liberté magnifique de choisir par l'élection une présidence remarquable, me paraît au moins téméraire sous le septennat de Fallières !

Mais en ne s'en tenant pas à cet élu, si représentatif des qualités du choix électif, il serait impossible d'établir une série successive de six rois de France de valeur aussi médiocre que notre série des six présidents de la République depuis Grévy jusqu'à Fallières.

Enfin pour en finir avec le cas des conseils de régence, il faut souligner dans quelles contradictions s'abîme ici M. Lecacheux.

Si la régence lui paraît chose mauvaise et regrettable, si la régence est en effet une période pendant laquelle on peut redouter certains abus, elle n'est que l'exception dans la Monarchie ; elle intervient comme un remède à une situation extraordinaire ; jeunesse trop grande des Rois ou folie des Rois. Sa durée n'est que transitoire ; elle marque exactement le temps pendant lequel le Roi trop faible ne peut exercer le pouvoir.

Elle est donc la période pendant laquelle la Monarchie est affaiblie, diminuée ; le conseil de Régence, c'est la forme qui se rapproche le plus de la souveraineté collective, impersonnelle qu'est le système républicain.

Oui ! la régence que vous critiquez, c'est l'état exceptionnel de la Monarchie ; et c'est l'état ordinaire de la République.

Pour être logique, là encore, il faut donc crier : Vive le Roi !

Discours de M. Gaston CAGNIARD

Conseiller général de l'Aisne

Je ne veux pas, dit-il, rabaisser mes contradicteurs ; leur théorie est habilement présentée sous des formes ingénieuses, mais je veux discuter cet espoir qu'ils ont de voir leur système triompher dans un prochain avenir.

Je suis de ceux qui ont vu le danger que faisait courir à la République le mouvement d'Action française et j'ai cru de mon devoir de venir à Vailly défendre le régime républicain. Je le ferai avec d'autant plus de liberté que je n'appartiens pas à cette catégorie de gens qui trouvent que tout est pour le mieux puisque leurs affaires personnelles sont en bonne voie.

J'estime que la République est au-dessus des critiques qui ont été formulées ici.

La théorie d'Action Française, c'est l'absolutisme, la nôtre c'est la liberté pleine, et entière et le respect de la souveraineté nationale.

Vous voulez remplacer, Messieurs, le régime électif par la Monarchie héréditaire, c'est le défaut de votre cuirasse.

Le régime électif est loin d'être parfait, je vous concède qu'il ne peut se concilier avec votre formule. C'est au roi que vous voulez donner toutes les responsabilités. Un joli cadeau que vous lui faites !

Rassurez-vous, je ne critiquerai pas les belles traditions françaises, la Monarchie française a joué un rôle historique considérable, je le sais, mais est-ce que votre prétendant nous offre des garanties spéciales ? La Monarchie, c'est Louis XIV, après elle n'existe plus.

Vous avez cité Taine, M. Robain, sa haine des Jacobins. Pourquoi n'avez-vous pas fait allusion aux deux premiers tomes des *Origines de la France contemporaine*, aux deux premiers tomes qui traitent de l'Ancien régime. Si la corruption et le jacobinisme ont ruiné la France, c'est bien la faute aux monarchistes intransigeants. Jamais le pays n'a été aussi malheureux, aussi pressuré que sous la Monarchie du XVIII⁰ siècle.

La Régence a été néfaste et Louis XV a perdu le Canada et les Indes. Je ne l'en rends pas responsable personnellement, pas plus que vous ne devez rendre la République responsable des fautes de certains politiciens.

Tout le mal vient de la Constitution actuelle, elle a établi trop de communications entre l'Exécutif et le Législatif. Il y a confusion des pouvoirs.

Avec tous les républicains sincères je désire un Pouvoir exécutif indépendant du Législatif et responsable devant la Nation.

Vous ne pouvez pas remplacer le suffrage universel, les Monarchies d'Europe elles-mêmes l'ont accepté. En Russie, le tsar, souverain autocrate, a maintenant une Douma. Tous les pays évoluent dans un sens démocratique et vous voulez nous ramener à l'absolutisme royal ?

Le roi de Bulgarie est un grand roi, mais il l'est devenu avec l'aide du Sobranié. Le régime électif est donc nécessaire à tous les gouvernements.

Démocratie ne veut pas dire anarchie, je crois que si nous voulions être de bons démocrates et éloigner les démagogues du pouvoir, nous aurions une excellente République.

Votre Roi a de robustes épaules, mais il peut faiblir et alors c'est l'anarchie de l'absolutisme qui ne vaut pas mieux que les autres.

Laissons les fautes de la République et admirons ses vertus. Je vous demande de prendre garde de trop écouter vos souffrances, de trop exagérer vos ennuis qui proviennent d'un régime fatigué, mais qu'on peut rajeunir. Le remède que nous offrent les royalistes est pire que le mal.

Je termine en criant bien haut : Vive la République.

Réponse de M. ROBAIN
à M. CAGNIARD

M. Cagniard, rédacteur politique à la *Petite République*, fait exception à la règle de nos adversaires qui dans la presse parisienne gardent le silence sur le mouvement d'*Action Française*. Criton, dans la revue de la presse de notre journal a plusieurs fois cité et commenté des articles de M. Cagniard. Je suis donc spécialement heureux de rencontrer ici M. Cagniard, et de proposer à sa méditation quelques vérités d'ordre général.

Incapacité de la République à appliquer les réformes

Tout d'abord je ferai remarquer que M. Cagniard n'épargne pas les critiques au gouvernement. Or les critiques — qu'il formule souvent dans son journal — critiques justifiées par mille faits quotidiens — devraient produire des effets, amener des changements et des améliorations. Elles n'émanent pas remarquez-le bien, d'un adversaire du régime, d'un journal réactionnaire, d'un parti d'opposition.

Le gouvernement chercherait en vain quelque prétexte de défiance pour écarter, comme dangereuses ou perfides, les critiques de M. Cagniard, journaliste républicain de la *Petite République*.

En vérité si le régime est susceptible d'amendement, de correction, il a dû réaliser quelque réforme, appliquer quelque remède aux défauts que vous signalez.

Or il vous est impossible de montrer cette réforme, de nommer ce remède. Vos critiques ne portent aucun fruit.

A qui d'ailleurs pourriez-vous vous en prendre ? La République, c'est, à tous les degrés et dans tous les services, le régime de l'irresponsabilité.

La grandeur de la France est l'œuvre de la Monarchie

J'en viens à un second point où nous nous rencontrerons plus facilement encore.

M. Cagniard a reconnu que la monarchie a joué un rôle historique considérable et « a fait l'unité nationale ». M. Cagniard a reconnu là le plus grand des bienfaits de la monarchie française, dont nous ne pourrons jamais nous montrer assez reconnaissants.

« Avoir créé l'unité nationale », c'est avoir créé la France, avoir fait sa grandeur, avoir fait sa force, grandeur et force qui avaient classé notre patrie au premier rang des nations.

Or, je le demande, en regard de cette œuvre magnifique de la Monarchie, quelle est l'œuvre de la République ? Qu'a-t-elle fait, la République, de l'unité nationale, de la grandeur, de la force de la France ?

La persécution religieuse
par la République

La République a divisé, et son principe même tend à diviser les citoyens sur toutes les questions. Non contents de diviser, elle va encore jusqu'à persécuter les Français qui restent le plus fidèlement attachés aux meilleures traditions nationales. En appliquant sa politique de laïcité, absurde autant qu'abominable, la République ne va-t-elle pas contre la volonté du pays? Les Français, même ceux qui se font en apparence sceptiques ou qui se montrent indifférents, restent profondément attachés à leurs rites, à leur religion traditionnelle. Etablissez la statistique des baptèmes civils, des mariages civils, des enterrements civils dans toute la France. Vous y verrez manifestée avec la plus touchante évidence, la fidélité de la France à la religion catholique.

Eh bien, c'est contre cette religion dont le rayonnement à marqué les plus glorieuses pages de notre histoire, que la République édicte les décrets et les lois, accumule les condamnations et lance même ses forces de police et de troupe.

Ce qu'a fait la République de la grandeur et de la force de la France?

L'affaiblissement de la France
par la République

Rappelez-vous ce que je disais de l'armée et de la République, de la diplomatie et de la République. Personne n'a répondu à ces critiques, et personne n'y peut rien répondre.

Ajoutez-y ce trait par lequel le gouvernement avoue son impuissance à assurer la défense nationale.

Pour avoir une escadre qui puisse constituer vraiment une force navale, on a dû réunir tous nos vaisseaux dans la Méditerranée. Mais la France n'a-t-elle pas des rivages sur l'Atlantique et sur la Manche? Eh bien la République ne peut assurer la défense des côtes françaises depuis Dunkerque jusqu'à Hendaye ; elle y a renoncé.

S'il fallait en Méditerranée une escadre de la force que représentent tous nos cuirassés construits aujourd'hui, le gouvernement devait l'organiser ; mais il devait en même temps préparer les autres escadres nécessaires à la garde de nos rives sur la Manche et sur l'Atlantique. En négligeant ce programme la République a négligé la défense de la patrie. A bas la République !

Taine. — « Les origines de la France contemporaine »

J'aborde un autre sujet. Vous avez dit, M. Cagniard : Pourquoi l'Action Française cite-t-elle Taine? et ne parle-t-elle pas de ses deux tomes sur l'*Ancien régime ?* »

Cette question montre que M. Cagniard n'a pas suivi l'*Action Française* avec toute l'attention nécessaire ; en consultant la collection de la revue et de ses brochures, il retrouvera facilement les études dans lesquelles l'*Action Fran-çaise* a relevé l'erreur commise par Taine dans son « *Ancien Régime* », quand il range l'esprit classique au nombre des éléments de la doctrine révolutionnaire. D'ailleurs, la compo-sition des « *Origines de la France contemporaine* » est un exemple que je livre bien volontiers à la réflexion de M. Cagniard.

Lorsque Taine, qui n'était pas royaliste et qui demanda des funérailles protestantes, entreprit sa vaste étude, il ne pré-voyait pas qu'il aboutirait à des conclusions contre révolu-tionnaires. Les pages dans lesquelles il décrit les abus et les défauts de la Monarchie à la veille de la Révolution, ne per-mettent pas de l'accuser de partialité quand il traite de la Révolution. Or, vous savez dans quels termes, et sur quels témoignages, il condamne la doctrine et le gouvernement des *Droits de l'Homme*.

Ah ! étudiez-la donc, comme l'a fait Taine, l'histoire de la France, l'histoire de la Monarchie, l'histoire de la Révolution. Etudiez-là aux lumières de votre intelligence de Français ; interrogez-vous loyalement et complètement. Votre réponse, je vous le prédis, sera l'écho de la réponse de Taine ; elle vous rangera bientôt aux côtés des Vaugeois, des Bainville, des Cavaignac, des Lemaître, de tous ces républicains deve-nus royalistes par amour de la France.

La France avant 1789

Avant 1789, disiez-vous, la France était malheureuse. En êtes-vous bien sur. Un Anglais, Yung, qui parcourut la France à cette époque, affirme que la vie dans le royaume de France était plus facile, plus belle que dans tous les autres pays ; et notez qu'en 1789 on vivait heureux dans les chaumières ; on dansait, dans les villages, le dimanche après les offices. C'était partout la saine gaieté, celle d'un peuple qui ne meurt pas de faim.

La France, ajoutez-vous encore, était surchargée d'impôts. — Et maintenant ?

Mais alors la France était la première nation du monde. Elle ne l'est plus aujourd'hui. Demandez aux publicistes républicains eux-mêmes ce qu'est devenu son rang de puissance maritime, de puissance militaire.

Louis XV et le Canada

Louis XV — et c'est toujours le seul Roi qu'on cite contre la monarchie dans une série de plus huit siècles — Louis XV a perdu les Indes et le Canada. Il faudrait remarquer qu'à cette époque l'opinion publique, dirigée par les philosophes, faisait assez bon marché des « déserts glacés », de ces « quelques arpents de neige », selon l'expression dédaigneuse de Voltaire.

En ne sacrifiant pas plus de troupes ni plus d'argent pour soutenir la lutte, en cédant le Canada, Louis XV se rencontrait avec l'opinion publique, cette opinion que vous, républicains, vous faites souveraine. Si Louis XV eût ce tort ou ce malheur, si pour avoir suivi le même courant que l'opinion publique il mérite quelque part de vos critiques, quel argument pourriez-vous tirer de cet exemple en faveur de la République, gouvernement soumis à l'opinion ?

La Lorraine et la Corse
réunies à la France par Louis XV

Enfin si en 1763 Louis XV abandonnait les Indes et le Canada, en 1766 il réunissait la Lorraine à la France et en 1768, il réalisait l'acquisition de la Corse.

Nommez donc les conquêtes, les acquisitions de la République, qui puissent compenser Fachoda, Tanger, Agadir, Cagliari !

L'exemple des Monarchies au XXe siècle

M. Cagniard, prétendait encore que les monarchies existantes se démocratisent.

Beaucoup des faits dont la politique personnelle d'Edouard VII est peut-être le plus facile à saisir, montrent au contraire les progrès du principe d'autorité sur le système révolutionnaire de 1848. Jacques Bainville l'a magistralement établi.

Dans la mesure où *réellement* les Monarchie « se parlementarisent » et « se démocratisent », elles se trouvent affaiblies diminuées ; et le contraire se vérifie de même.

Je ne reviens pas aux exemples récents de la Turquie et de la Bulgarie, déjà rapportés ici.

On a invoqué l'histoire de la Russie, où le tzar a organisé une Douma. Mais sur ma remarque, M. Cagniard a reconnu aussitôt que nous ne pouvons pas discuter des choses de Russie en connaissance de cause. Cet Empire aux territoires immenses, aux régions et aux peuplades si diverses, ne peut pas être comparé à la France.

Mais sous quelque forme que se pose pour la Russie la question de l'autocratisme, il n'y a pas lieu de représenter le Roi de France comme un tzar autocrate.

La Monarchie française.

La Monarchie française a son histoire, sa tradition, ses caractères qui en font un modèle incomparable ; l'autorité majestueuse et simple, le pouvoir paternel et fort du Roi y sont la garantie même des libertés régionales, professionnelles et familiales des sujets.

C'est cette Monarchie française, le meilleur des gouvernements pour la France, c'est le Roi de France, père et protecteur du Peuple, que nous appelons de tous nos vœux pour le salut, le bonheur et la fierté de la France.

Pour la France jusqu'à notre dernier souffle, nous crierons :

VIVE LE ROI !

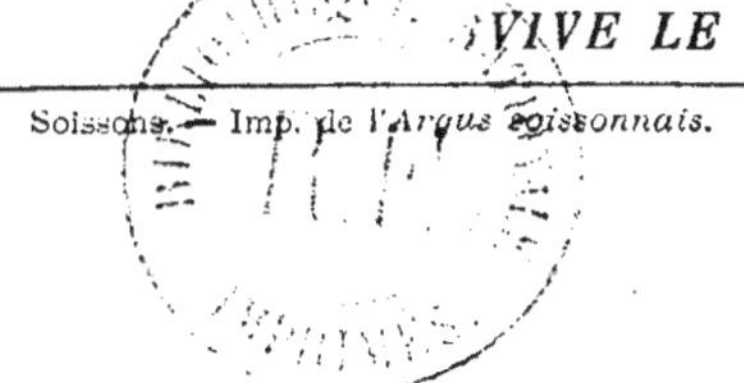

Soissons. — Imp. de l'*Argus soissonnais.*